TL2

B L A U X,

MEMBRE DU CORPS LÉGISLATIF

AU CONSEIL DES ANCIENS,

A ses Collègues, membres des deux conseils.

CITOYENS COLLÈGUES,

IL importait essentiellement à la république, que les pétitions en radiation des listes des émigrés, fussent décidées promptement, afin, qu'en punissant les coupables, leurs biens fussent vendus à son profit, déchargés des frais immenses des séquestres qu'ils fussent à l'abri des dilapidations et dégradations, qui sont considérables, et que les biens séquestrés sur les prévenus d'émigration, dont la justice exigeait la radiation, leur fussent rendus.

Pour opérer ce bienfait, cet acte de justice, il fallait autoriser, ou les administrations de départemens, ou les tribunaux criminels dans le ressort desquels les prévenus d'émigration avaient leurs domiciles, à prononcer sur les pétitions en radiation.

A

1°. Parce que ce n'était pas distraire les prévenus de leurs juges naturels.

2°. Parce que leurs pétitions en radiation, étant discutées publiquement, un vraiment émigré n'aurait pu échapper à sa condamnation, à l'appui de faux certificats de résidence, qu'il eût été facile de vérifier dans chaque département.

3°. Parce que 80 tribunaux pouvaient, en trois ou six mois, prononcer sur toutes les émigrations.

Qu'a-t-on fait ? Les administrations départementales ont d'abord été autorisées à prononcer provisoirement sur les pétitions en radiation, dont le définitif a été réservé au comité de législation ; et ensuite, par un décret d'attribution vu de commission, cette connaissance a été attribuée au pouvoir exécutif, qui a d'abord commis le ministre de la justice pour y coopérer, l'a révoquée, et l'a remplacé par le ministre de la police générale. Qu'est-il arrivé de là ? c'est que de 110,000 pétitions en radiation, il n'en est pas encore 100 de décidées, encore moyennant grosses finances, et cela depuis 10 mois ; et que, si on les révisait dans les départemens respectifs, il arriverait que les trois quarts des radiations, chèrement

achetées , seraient prouvées surprises et in-
justes , par une raison toute simple ; c'est qu'à
Paris , il est bien difficile de vérifier si les certificats de résidence qui appuient les pétitions
en radiation , sont vrais ou faux , et que le ministre de la police générale , déjà trop surchargé
de travail , ne peut, même avec son infatigable
activité , examiner par lui - même , toutes
les pétitions en radiation , et les pièces pro-
duites à l'appui. Il faut donc qu'il s'en fasse
faire des rapports par les chefs de ses bureaux :
et le cri général est que l'on fait , pour eux ,
la meilleure pièce du sac.

De 110,000 pétitions en radiation , 100
expédiées par le pouvoir exécutif en 10 mois !
par l'opération de plus de 100 commis ! On
peut en conclure que la dernière moitié ne
sera expédiée qu'à la vallée de Josaphat. Quelle
injustice dans l'exercice de la justice !

J'ai dit plus haut , qu'il convenait d'attribuer
cette jurisdiction aux administrations départementales , ou aux tribunaux criminels des départemens , dans le ressort desquels les émigrés
avaient leurs domiciles avant leur émigration ;
mais les administrations départementales n'ont
de jurisdiction que sur les biens ; les juges de
tribunaux criminels ont jurisdiction sur les

citoyens de leurs ressorts ; ils peuvent seuls connaitre des crimes commis par ces citoyens , et prononcer leur absolution ou condamnation , et la confiscation de leurs biens dans les cas de droit ; et ce n'est qu'après cette confiscation prononcée , que les administrations départementales peuvent agir sur les biens ; car , si la connaissance des pétitions en radiation était attribuée aux administrations départementales, il s'en suivrait que , si elles rayaient les pétitionnaires de la liste des émigrés , elle les absoudraient d'un crime dont la connaissance exclusive est du ressort des tribunaux criminels , ce qui serait inconstitutionnel ; et que si elles prononçaient qu'une pétition en radiation ne peut être admise , tout resterait encore à décider pour la condamnation à la peine dûe au crime et la confiscation , à moins que l'on veuille , comme dans l'affaire de Cussy , qu'après qu'un corps administratif a décidé que la pétition en radiation ne peut être admise , le pétitionnaire soit renvoyé aux juges criminels , non pour juger suivant les preuves de non émigration et leurs consciences, mais comme bourreaux. Ce qui est une monstruosité dans l'ordre judiciaire et une atrocité ; je dis plus , une inconstitutionnalité. Je le prouve.

L'article 202 de la constitution , interdit au pouvoir exécutif les fonctions judiciaires.

L'article 204 veut que nul ne puisse être distrait des juges que la loi lui assigne , par aucune commission , ni par d'autres attributions que celles qui sont déterminées par une loi antérieure.

Les titres de la justice civile et de la justice correctionnelle et criminelle de la constitution, décident que les juges des citoyens sont , au civil , les juges-de-paix et des tribunaux de leurs départemens ; et au criminel , les juges de justice correctionnelle et criminelle de leurs départemens ; et ils ne peuvent en être distraits par aucune commission , ni autres attributions que celles qui sont déterminées par une loi antérieure : or, aucune loi antérieure à la constitution n'a attribué au pouvoir exécutif, et ne l'a commis pour prononcer , comme juges , exerçant les fonctions judiciaires , sur les pétitions en radiation sur les listes des émigrés ; donc il y a inconstitutionnalité dans la loi postérieure à l'acceptation de la constitution , qui en aurait attribué la jurisdiction au pouvoir exécutif, comme juge.

Si l'on consulte le titre VII des corps administratifs et municipaux de la constitution , article 189, ils ne peuvent s'immiscer dans les objets dépendans de l'ordre judiciaire : or, l'émigration est un crime capital ; la connaissance des crimes est exclusivement du ressort de l'ordre judiciaire criminel ; donc elle ne peut être de la compétence des administrations départementales, ni du pouvoir exécutif, comme corps administratif ; donc la loi, postérieure à l'acceptation de la constitution, qui a attribué au pouvoir exécutif, soit comme corps exerçant les fonctions judiciaires, soit comme corps administratif, la connaissance des pétitions en radiation, formant une commission ou attribution, interdites par la constitution, est inconstitutionnelle, et doit être rapportée.

Quelles ont été les suites funestes de cette loi révolutionnaire et inconstitutionnelle ? Une armée de commis, dont les salaires absorbent une partie des biens confiscables, des frais énormes causées aux pétitionnaires en radiation, pour ceux qui sollicitent pour eux. Ci-devant on pouvait aller dans les bureaux traiter avec chefs, du plus ou du moins, à financer, au moins pour une prompte exécution ; mais depuis, l'entrée dans ces bureaux a été interdite, avec justice, il ne convenait pas de trafiquer

dans *le Temple*, il était plus convenable d'aller
trouver des chefs de bureaux chez eux, ou
de traiter avec leurs affidés. Les conventions
étant faites, le rapport fait au ministre de
la pétition, mis dans son porte-feuille, et
porté par lui au pouvoir exécutif, il répondait
n'avoir pas le tems de s'en occuper, le porte-
feuille était rapporté, les pétitions *dorées*, qui
y avaient été placées par des chefs de bureaux,
en étaient retirées, et remplacées par d'autres
sur-dorées.

Aujourd'hui, on ne peut plus entrer dans
les bureaux des ministres, il faut s'adresser
aux seuls bureaux des renseignemens. Qu'ils
sont complaisans et affables, les commis de
ces bureaux ! c'est une bénédiction. On ne
peut payer trop chèrement leurs complaisance
et affabilité.

Entre les prévenus d'émigration, les uns
ont quitté la France dans l'intention de lui
susciter des ennemis et les servir contre leur
patrie ; les autres, pour conserver leur vie, en
se soustrayant aux griffes des scélérats et des
bourreaux, dont les uns parcouraient les depar-
temens avec des pouvoirs illimités, les autres
sédentaires, étaient fonctionnaires publics,

mais aussi brigands et féroces , autorisés par le gouvernement décemviral.

C'est par suite des journées désastreuses des 31 mai , premier et 2 juin 1793 , que toutes les atrocités qui ont affligé la république , ont été commises , tous les citoyens en devaient fuir le sol , ce qui eût évité bien des massacres juridiques. Ceux , du moins le plus grand nombre de ceux qui ont fui depuis cette infernale époque , et qui ont été inscrits sur les listes d'émigrés , en auraient dû être rayés à l'instant , en prouvant par eux que , depuis le commencement de la révolution , ils avaient constamment résidé en France jusqu'au 31 mai 1793 , car , depuis cette époque , tout salut était dans la fuite.

Les biens de ceux prévenus d'émigration , qui obtiendront avec justice leurs radiations , leur seront rendus dégradés , les frais de leurs séquestres seront à leur charge ; en attendant leur radiation , ils périssent de misère , se ruinent en frais de leurs poursuites en radiation , poursuites infructueuses , puisque , ainsi qu'on l'assure , le pouvoir exécutif a arrêté que les prévenus d'émigration depuis le 31 mai , étant des émigrés *par exception* , leurs pétitions en radiation ne doivent être examinées et décidées qu'après celles des prévenus d'émigration antérieure audit jour 31 mai.

Emigrés *par exception !* heureuse découverte ! brillante imagination ! parce qu'ils se sont *exceptés* de la mort par leur fuite, ils sont émigrés *par exception !* et parce qu'ils n'ont pas voulu périr sur l'échafaud, ils sont *exceptés* de toute faveur, de toute justice ! Ils ne seront pas rayés de leur vivant, puisque n'y ayant que 10 décisions sur les pétitions en radiation par mois, sur 110,000, leurs arrières petits-fils seront caducs, avant qu'il plaise au pouvoir exécutif de prononcer sur leurs pétitions.

N'eût-il pas mieux valu d'ordonner qu'au vu de l'inscription des citoyens sur les listes des émigrés, ils seraient mis à mort, comme sous la tyrannie de Robespierre, et comme Cussy, que de leur causer dix mille morts de misère, d'opprobres et d'humiliations pour eux, leurs parens et alliés exclus par la loi du 3 brumaire, an IV, de l'exercice de toutes fonctions publiques ? Est-il vrai qu'on ne veut pas procéder à leurs radiations, dans la crainte qu'étant rayés avec justice, eux et leurs parens et alliés, soient prochainement élus par le peuple à des fonctions publiques ? Mais, s'ils sont rayés avec justice, ils seront exempts de tout reproche : ne faut il donc confier les fonctions publiques qu'à des jacobins, à des terroristes, à des patriotes exclusifs, à des scélérats, à des ineptes ?

Que le pouvoir exécutif, surchargé d'opérations importantes, n'aie pu prononcer que sur 10 pétitions en radiation par mois, il s'ensuit que les tribunaux criminels de 80 départemens moins occupés, auront décidé sur toutes les pétitions en radiation dans six mois ; la constitution ne sera pas violée, les émigrés seront jugés par leurs juges naturels, avec parfaite connaissance de cause, et sans être obligés d'acheter la justice.

La république est une société de citoyens, qui doivent s'entr'aider et se soulager réciproquement ; si une partie des associés souffre ou périt de langueur et de misère, la société souffre, languit et périt. Hâtez-vous donc, citoyens-collègues, de venir au secours des prévenus d'émigration : Réfléchissez que la lenteur dans l'exercice de la justice, est une vraie injustice ; faites cesser cette lenteur, qui est une calamité digne de la tyrannie de Robespierre, en ordonnant le rapport de la loi révolutionnaire et inconstitutionnelle, qui a

attribué , par commission , au pouvoir exécutif, la connaissance des pétitions en radiation
des listes d'émigrés , et rendez aux prévenus
d'émigration leurs juges naturels , dont la constitution défend de les distraire.

1ᵉʳ nivose, an V.

B L A U X.

De l'imprimerie de Du Pont, rue de l'Oratoire.

Errata dans l'Adresse de **Blaux**, *Membre*
du Conseil des Anciens.

A ses Collègues des deux Conseils.

Page 2, ligne 17, vu de commission; *lisez*
ou de.

Ibid. ligne 20, révoquée; *lisez* révoqué.

Page 3, ligne 12, l'on fait; *lisez* l'or fait.

Page 6, ligne 3, avec; *ajoutez* des.

Ibid. ligne 25, exécution; *lisez* expédition.

Page 9, ligne 4, imagination; *lisez* imagi-
native.

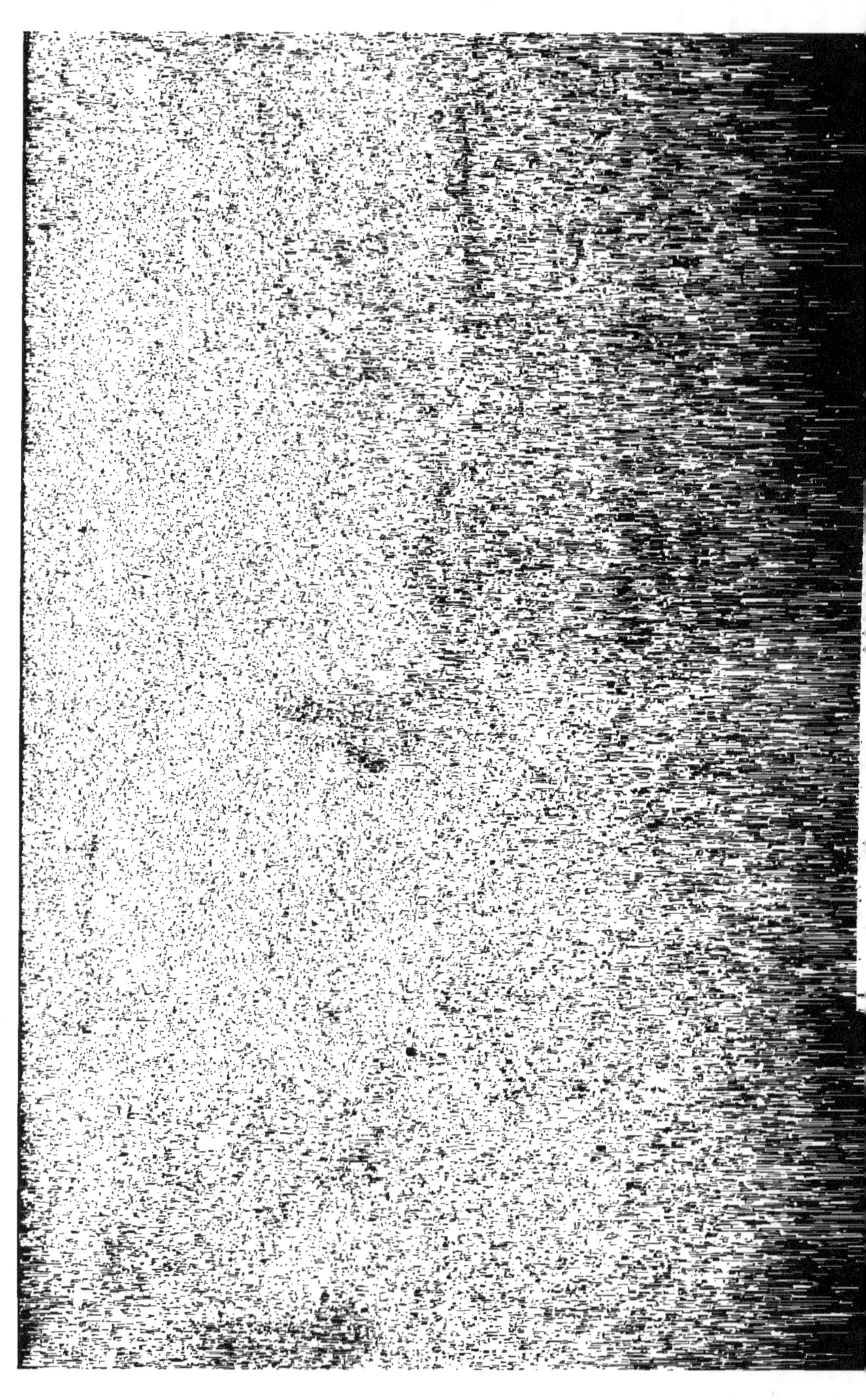